LA BATAILLE DE SARRE-ET-SEILLE

Sarrebourg=Morhange
(19=20 août 1914)

L e lundi 10 août 1914, le plan de manœuvre allemand s'est dévoilé. L'occupation du Luxembourg, la violence des attaques sur les forts de Liège, la marche de l'armée von Klück sur Louvain qui s'amorce, le passage au-dessus de Visé et aux gués de Lixhe de plusieurs divisions de cavalerie, tout montre clairement que l'effort principal de l'ennemi va porter sur la frontière nord de la France.

C'est pour notre haut commandement, dans l'espace de quelques jours, la nécessité de modifier son plan initial, d'appliquer une des variantes étudiées dès le temps de paix. Le théâtre de Lorraine, où ont été prévues les grandes concentrations, l'offensive et la bataille décisive, devient secondaire. Trois corps d'armée, le 9e (1), le 18e et le 19e, sont enlevés aux armées de l'Est pour renforcer les armées du Nord. Ce n'est plus la manœuvre principale qui va s'effectuer sur ce front, mais une puissante diversion. La mission assignée aux 1re et 2e armées françaises est de marcher sur Sarrebrück, en se couvrant du côté de Metz et de Strasbourg, pour menacer les communications allemandes sur le Rhin et retenir le plus de forces ennemies de ce côté.

Cette diversion, pour être efficace, doit être faite rapidement. L'échec de la première offensive sur Mulhouse a pour effet de la retarder. Le 14, l'armée d'Alsace, réorganisée, est prête. La manœuvre de la 2e et de la 1re armée se déclanche. Un premier bond est effectué jusqu'au 18, marqué par une série de succès sur les Vosges et dans la région des Etangs.

A partir du 18, l'offensive française se heurte à la contre-

____

(1) Sauf les 34e et 35e brigades et une brigade de réserve qui, n'ayant pas encore effectué leur embarquement, vont être laissées en Lorraine.

offensive allemande. Nos soldats, dans l'élan de leur course, vont se lancer, dès le 19, poitrine découverte, contre les formidables organisations défensives préparées à l'avance par les Allemands sur le front Morville-Marthil-Morhange-Rodalbe-Bensdorf-Fenetrange-Phalsbourg.

Pour l'armée du général Dubail, c'est la bataille de la Sarre, Sarrebourg ; pour l'armée du général de Castelnau, c'est la bataille sur la Seille, Morhange, réduit d'un bastion naturel formé par la Petite Seille, dont les hauteurs de Marthil-Baronviller constituent le glacis ouest et celles de Bride et de Köking, le glacis est.

La Bataille de la Sarre.

Le 19, au matin, au moment où s'engage la bataille de la Sarre, la situation générale de la 1re armée est la suivante : Le 8e corps (général de Castelli) a sa 16e division qui occupe les hauteurs de Bebing et de Rinting, au sud-ouest de Sarrebourg, à gauche de la route Paris-Strasbourg ; le 95e est dans la ville depuis la veille. Sa 15e division, le 13e corps (général Alix) en entier, et la brigade mixte coloniale sont massés, en réserve générale, entre Hesse et Abreschwiller, pour s'opposer à la marche de flanc des colonnes des XVe et XIVe corps allemands, appelés de Haute-Alsace en toute hâte pour appuyer la gauche du Ier corps bavarois, à l'est de Sarrebourg, et signalés comme débouchant d'Arschwiller et de Dabo. Le 21e corps (général Legrand) avec la 13e division tient le Donon et la vallée de la Bruche, tandis que la 43e se concentre vers Abreschwiller et pousse un détachement vers Obersteigen. Le 14e corps, enfin, vient d'occuper Sainte-Marie-aux-Mines et Sainte-Croix. Relevé par la 58e division de réserve, il va entrer dans la vallée de la Bruche.

Au nord, le général Dubail se trouve en présence de hauteurs fortement organisées. Préoccupé surtout par la situation de son flanc droit, il ne marche sur Saaraltdorf et Fenetrange qu'avec la 16e division du 8e corps qu'appuiera le corps de cavalerie du général Conneau, remis depuis peu à sa disposition, et toute l'artillerie lourde disponible.

Le 8e corps. — Dès 5 heures, la 16e division attaque en direction de Saaraltdorf. Mais, alors que le 85e, parti d'Imling, franchissant la route de Paris-Strabourg et contournant la ville, peut, après des pertes sérieuses, occuper Eich et Bühl, par contre, le 13e ne peut déboucher de Hoff, et le 29e est arrêté devant Dolving.

En fin de journée, le général Dubail, moins inquiet pour sa droite, décide de pousser plus à fond son offensive vers Fenetrange. La 15e division vient renforcer la 16e et se porte le lendemain matin, sur Oberstinzel et Gosselming par brigades accolées, la 30e à droite sur Dolving, la 29e à gauche, sur Gosselming. Malgré les difficultés d'un terrain très marécageux, l'avance est tout d'abord marquée. La 56e enlève Gosselming pendant que le 10e et le 27e dépassent Dolving et poussent jusqu'à la Sarre.

Cependant, dès la pointe du jour, dans le brouillard, nos têtes de colonnes se heurtent à des positions solidement fortifiées d'où part un feu terrible d'artillerie lourde et de mitrailleuses qui les décime. Nos Rimailho, de Mückenhof, derrière le Rubenhügel ou dans le parc du château d'Imlingen, répondent avec vigueur mais sont obligés, par suite d'un repérage exact, à des déplacements continuels. Jusqu'à 11 heures, c'est un duel formidable des deux artilleries.

A ce moment, le tir des batteries lourdes allemandes se concentre sur Gosselming. Le 56e et le 134e, qui occupent le village, sont obligés de l'évacuer. En même temps, de fortes colonnes ennemies débouchant de Saint-Jean-de-Bassel prononcent une vigoureuse attaque de flanc. Suivis par les rafales de l'artillerie allemande, ces deux régiments peuvent s'établir sur les pentes menant au Haut-Clocher. Des batteries de 75, qui viennent s'installer à cet endroit pour enrayer l'avance de l'infanterie ennemie, sont, en quelques minutes, repérées et décimées. A 14 heures, ces positions, sous la violence du feu, doivent être abandonnées. Par échelons, impassibles sous la mitraille, les éléments de la 15e division battent en retraite pas à pas, malgré les ravages causés dans leurs rangs. Au 27e en effet, le lieutenant-colonel Valentin est atteint ; le capitaine Baltazard ne consent à se laisser soigner qu'après avoir été blessé une troisième fois ; le lieutenant Mayeux conserve le commandement de son peloton, malgré cinq blessures successives jusqu'au moment où une sixième balle le frappe mortellement ; le sous-lieutenant Brunet est tué. Au 56e, le colonel Delaunay, le sous-lieutenant Yvon, sont grièvement blessés. Le commandant Kremer, les capitaines Grandpierre et Perrin, qui entraînent leurs unités avec la plus grande bravoure, tombent héroïquement. Le lieutenant-colonel de Malleray, commandant le 210ᵉ est atteint. Il sera tué le soir du 29 mars 1916, d'un éclat d'obus, au réduit d'Avocourt qu'il vient d'enlever.

Des éléments du 29ᵉ, parvenus jusqu'aux bords de la Sarre, restent cloués sur place, de 5 heures à 1 2heures, par la violence du feu de l'ennemi.

« Vers midi et demi, devait écrire le comte de Pelleport, « soldat de 1ʳᵉ classe à ce régiment, notre compagnie, la 8ᵉ, « avait été désignée avec la 7ᵉ, pour aller remplacer notre « 3ᵉ bataillon qui avait dû reculer, écrasé par l'artillerie en- « nemie. Nous sommes partis vers 23 heures, le 19, et nous « nous sommes glissés en silence, malgré les projecteurs alle- « mands, tout à fait en première ligne, le long des bords de « la Sarre. Nous avons assisté là au feu le plus infernal qui « se puisse concevoir de cinq heures du matin à midi. Nous « n'avons pas perdu un homme, nous étions trop près des « Allemands et nous aurions pu tenir encore lorsque notre « capitaine a commandé : « Baïonnette au canon, pour char- « ger. » La compagnie n'a pu rien faire.... »

Dès les premiers pas, en effet, le capitaine Vieu tombe. Le comte de Pelleport, engagé à cinquante-neuf ans, qui « fait, depuis le début de la campagne l'admiration de tous par son endurance, son entrain et la beauté de son caractère » est frappé d'une balle dans la cuisse et au ventre d'un éclat d'obus. Ramassé par l'ennemi, transporté dans une ambulance, il écrira de là à sa femme : « Je me suis conduit en « Pelleport. Le moral est parfait », et succombera le 26. Du 29ᵉ également, Madenon, qui, atteint à la cuisse, d'une balle ayant pénétré de toute sa longueur, prend son couteau, extirpe la balle, se fait appliquer un pansement par un camarade et retourne au feu.

Depuis Reding, les Allemands progressent maintenant en forces. Ils ont bientôt atteint Eich, refoulé la compagnie qui occupe le village puis atteignent les premières maisons de Sarrebourg. Le 95ᵉ qui tient dans la ville, impassible sous les gros projectiles, résiste héroïquement. A côté du colonel Tourret, qui a une attitude admirable, se distinguent les commandants Blavet, Varay, les capitaines Bouvier, de la Ferrière, de Méru. Le capitaine du Couëdic de Kergualer, un arrière-petit-fils du brave du Couëdic et petit-fils du général de Montholon, chargé de couvrir le repli de son bataillon, réussit, grâce à son énergie, à maintenir ses hommes en position jusqu'au moment où il est blessé mortellement.

« Ce mot *Eich*, écrit le capitaine Rimbault dans son *Jour-*
« *nal de campagne d'un officier de ligne*, nos troupiers l'ont
« dans la mémoire comme une vision terrible, obsédante,
« une vision d'enfer. Ils ont dû, la rage au cœur, céder du
« terrain pied à pied. En rentrant dans Sarrebourg, ils ont
« trouvé les fenêtres fermées et des caves, des coups de
« fusil ont été tirés sur eux par des mains invisibles. Les
« toits en tuiles volaient en éclats, les rues étaient devenues
« des fondrières... Décidément, ils ne pouvaient plus rester.
« Les Bavarois, du reste, commençaient à encercler la ville.
« C'est alors que, au coup de midi, le général de brigade
« s'était élancé sur notre colonel (le colonel Tourret) et, les
« larmes aux yeux, lui avait crié :
« — Colonel, au nom de la France, tenez encore une heure
« et je ferai décorer le drapeau de votre régiment. »
« Et le régiment était resté sous la mitraille, poussant des
« charges partielles, sans désemparer, pour permettre au
« 13e corps, celui-là même dont nous entendions à cette heure
« les canons, d'intervenir avant l'encerclement complet...
« Les Bavarois avaient été étonnés de tant de résistance et,
« grâce à elle, n'avaient exercé qu'une pression lente et in-
« termittente. »

On a demandé au colonel Tourret (1) de tenir jusqu'à 13 h. A 17 heures, le 95e résiste encore dans Sarrebourg aux efforts de la 2e brigade de la garde bavaroise. Il n'abandonne la ville que par ordre, baïonnette au canon, aux accents de la *Marche lorraine*, trouvant encore l'énergie de contenir la poursuite de l'ennemi qui ne s'arrête que dans la nuit épaisse et sans lune à Xouaxange et à Héming, sur les bords du canal de la Marne au Rhin. Là, les hommes épuisés se couchent dans les rues, demandant seulement qu'on les laisse dormir un peu.

Le 13e corps. — Le 13e corps, qui, le 18, s'est emparé des hauteurs au nord d'Hermelange et dont les avant-gardes occupent Scheneckenbusch et Plaine de Walsch, est désigné pour rester le 19 et le 20 en réserve générale d'armée. Mais le 20, par suite de la retraite de la 16e division à Sarrebourg

---

(1) Le colonel Tourret va être mortellement frappé le 24 à Ortoncourt.

et de l'échec de la brigade coloniale, qui assure la liaison à droite avec le 21ᵉ corps, le général Dubail le jette vers 16 h. en pleine bataille. La 25ᵉ division, lancée vers Sarrebourg, dégage la 16ᵉ division et lui permet de se maintenir jusqu'à la nuit aux abords de la ville. La 26ᵉ reprend Plaine de Walsch et Brouderdorff, diminuant ainsi la pression que le XVᵉ corps allemand fait sentir sur la gauche du 21ᵉ corps et oblige l'ennemi à se replier.

« Mon bataillon, écrit un officier de la 25ᵉ division, eut à « tenir tout le jour sur la cote 330 au milieu des obus. On « n'essayait même pas de se retrancher ni de se cacher des « aéroplanes : aujourd'hui, l'on serait plus prudent. Certaines « compagnies furent décimées à plusieurs reprises... Le soir, « vers 6 heures, il fallut battre en retraite, malgré le se- « cours de notre artillerie lourde. Comme nous venions de « repasser le canal de Saverne, le général de division arrive « avec son état-major. Il ordonne demi-tour. Toute la divi- « sion attaque à nouveau. Nos canons et nos mitrailleuses « ouvrent le feu, quatre régiments s'élancent. Nous descen- « dons une première pente et en rencontrons une seconde, « sous une pluie d'obus et de balles ; quelques fantassins « reculent, nous continuons, nous, d'avancer.

« Arrivés à portée d'assaut, l'on nous fait tirer à notre « tour et le feu des Allemands diminue d'intensité. Ils « avaient fait entendre, pour nous tromper, nos propres son- « neries de « cessez le feu » ; mais nous étions prévenus et « distinguions bien la différence du son. Ils s'arrêtèrent de « tirer et nous après... La nuit était venue, nous nous de- « mandions où était l'ennemi. »

Malgré le succès remporté, à 20 heures, les différentes unités du 13ᵉ corps sont ramenées derrière la Bièvre, avec des détachements sur l'autre rive gardant les débouchés.

Dans ces deux contre-attaques heureuses, les régiments d'Auvergne ont déployé une ardeur et une ténacité remarquables. Au 16ᵉ sont cités le commandant Louis Hertz, glorieusement tombé, le commandant Koch, le capitaine Debenedetti, qui a pris le commandement du 1ᵉʳ bataillon et le conduit avec un remarquable entrain ; au 86ᵉ, le commandant Oliaschlager, qui a fait preuve d'un calme remarquable et d'une véritable bravoure. Il va être mortellement blessé le 25, en entraînant son unité dans une attaque à la baïonnette. Au 139ᵉ, le capitaine Durouchoux, dans le commandement d'un bataillon, a montré une grande énergie. Au 98e, le lieutenant Marenda, avec sa section de mitrailleuses, a fait preuve d'un héroïque sang-froid, pointant et tirant lui-même après que ses hommes sont tous tombés autour de lui ; les capitaines de Benoist et Migat sont blessés tandis que le sous-lieutenant Jean Labroquère est tué. Au 92e, le commandant François de Rosière, le capitaine Lombardy sont mortellement atteints au Haut-Clocher ; le capitaine Krempp, qui prend le commandement d'un bataillon, se distingue ; le capitaine Besson qui, sous une pluie de projectiles, a rallié quelques soldats, pour les lancer à l'attaque d'un groupe ennemi, tombe atteint de neuf blessures. Le 121e enfin voit les capitaines de Guillebon, de la Pomélie, ainsi que les lieutenants Damas et Dufay, grièvement frappés : le lieutenant Dufay va, blessé d'une balle à la poitrine, assurer le commandement de sa compagnie jusqu'au dernier moment avec une rare énergie ; le capitaine de la Pomélie, également atteint à la poitrine, continuera à l'exercer toute la nuit.

Le 21e corps. — A l'aile droite de la 1re armée, au 21e corps, la 13e division, après s'être avancée le 19 août, jusqu'à Schirmeck, dans la vallée de la Bruche, a été ramenée autour du Donon où elle fait charnière. C'est le 14e corps qui va la remplacer. La 43e division, renforcée par une brigade mixte coloniale, est rassemblée dans la région Abreschwiller-Saint-Quirin, prête à appuyer la marche de l'armée sur Sarrebourg.

La brigade Barbade reçoit le premier choc de l'ennemi, vers 14 heures, au Petit Donon. Bien appuyée par le tir précis de notre artillerie, elle va supporter jusqu'au lendemain matin, sans faiblir, les attaques répétées de forts éléments du XXe corps allemand. Ses bataillons de chasseurs et le 17e d'infanterie se montrent magnifiques. Toute la nuit, la brigade se bat. Au matin, l'ennemi, découragé, renonce à attaquer.

La 43e division rencontre plus de difficultés. La brigade mixte coloniale qui lui est adjointe, partie de Valerysthal-Trois-Fontaines, en marche sur Haarberg, est décimée par le feu violent de l'artillerie ennemie et ne peut déboucher. Au 5e colonial, le commandant Leroy est tué d'une balle au cœur, en tête de son bataillon ; le sous-lieutenant Meneveau tombe mortellement atteint. Le lieutenant Crépin est grièvement blessé en résistant avec héroïsme à une contre-attaque de l'ennemi. Le 31e bataillon de chasseurs, malgré de brillantes charges, ne réussit pas à enlever les hauteurs du col de Saint-Léon. Dans une de celle-ci, le lieutenant Vogin est tué. Notre artillerie, prise sous le feu des obusiers lourds, doit se replier. Les éléments engagés à Walscheid sont également décimés. La situation est critique quand une brillante contre-attaque sur Munichhof du 17e bataillon de chasseurs, prêté par la 13e division, arrête la retraite qui commence. Au cours de la charge, le lieutenant de Beaurepaire est tué, après avoir enlevé la première ligne de sa compagnie ; le sous-lieutenant Charpiot tombe glorieusement en tête de sa section, au moment où l'ennemi est rejeté dans les bois.

Vers 15 heures, la 85e brigade (149e et 158e) entre en scène à Abreschwiller et transforme cette journée indécise en un succès très net. Au soir, l'ennemi est rejeté au delà du col de Saint-Léon. Mais les pertes sont lourdes, principalement au régiment d'Epinal. Quelques-uns de ses meilleurs officiers sont hors de combat. Le jeune sous-lieutenant André Fèvre, Saint-Cyrien de la promotion de la Croix du Drapeau, est blessé grièvement, debout dans la tranchée où il fait abriter ses hommes.

En fin de journée, malgré le repli du 8e corps, la 1re armée occupe une ligne d'excellentes positions sur le canal de la Marne au Rhin, Hermelange, bois de Hesse, bois de Voyer, pointe de Saint-Léon. L'offensive pourra être reprise par elle dès que les troupes, qui se battent sans arrêt depuis le 14, se seront un peu reposées.

La Bataille de la Seille.

Le mardi 18 août, au soir, la 2e armée présente : à droite, le 16e corps (général Taverna), en liaison avec la 1re armée vers Diane-Capelle. Après la tentative faite par la 31e division pour déboucher sur Londrefing, il tient Angviller (Angweiler) avec sa 32e division. A sa gauche, le 15e corps (général Espinasse) occupe la ligne de la Seille, avec des détachements à Zommange (Zemmingen) et à Vergaville, mais il n'a pas encore occupé Dieuze. Le 20e corps (général Foch) à gauche du 15e, qui est entré la veille à Château-Salins et s'est assuré les débouchés de la Seille, a sa 39e division, à

gauche, vers Coutures, la 11e, à droite, vers Morville. Le
9e corps (général Dubois), appelé dans les Ardennes, quitte
la ligne de la Seille. La couverture du côté de Metz va être
assurée par le 2e groupe de divisions de réserve, dont la
68e division vient à Fresnes.

Après les quatre dures journées que vient de supporter la
2e armée, le général de Castelnau semble avoir pris ses dis-
positions pour laisser reposer un peu ses troupes le 19, mais
la situation spéciale, créée à la 1re armée par l'arrivée sur
son flanc droit de forces importantes débouchant de la région de Phalsbourg, amène le haut commandement à pres-
crire à la 2e armée de reprendre l'offensive le lendemain dès
la première heure.

Le 16e corps va donc attaquer en direction de Londrefing,
le 15e, de Rodalbec ; le 20e marchera sur Fauquemont.

JOURNÉE DU 19 AOUT

Pour dégager le 16e corps de la région des Etangs, pour
lui permettre de continuer sa marche vers le nord, le 15e corps
reçoit la mission d'attaquer sur Vergaville et « d'assurer au
nord de Dieuze un débouché au reste de l'armée ».

« A la première heure, écrit un officier d'alpins dans son
« carnet, le bataillon, avant-garde de la 29e division, traverse
« le bois de Mersack et s'engage dans Dieuze. Tout paraît
« tranquille. Quelques fenêtres ou quelques portes s'ouvrent
« avec précaution et l'on entend chuchoter dans la nuit :
« Voici les Français »…..

« A peine sortis de Dieuze, quelques coups de fusil nous
« mettent en garde. Il fait encore nuit. Le bataillon se dé-
« ploie en vue du combat. Il continue sa marche sur Bensdorf
« par Vergaville. Nous progressons à travers champs. Le
« jour se lève, et, dans la brume du matin, apparaît le vil-
« lage de Vergaville. Les balles commencent à siffler. Nous
« avançons par bonds…

« Notre progression ralentissait lorsque soudain, derrière
« nous, le canon tonne. L'artillerie entre enfin en action. A
« ce propos, il est intéressant de souligner la joie qu'éprouve
« le fantassin, lorsque, engagé dans la lutte, il se sent sou-
« tenu par l'artillerie, lorsqu'il aperçoit derrière lui les piè-
« ces qui se mettent en batterie, ou lorsqu'il entend les obus
« français qui, passant sur sa tête, précèdent, pour ainsi

« dire, sa marche en avant. Alors, il s'écrie : « Il y a du
« bon, voilà les gros frères... »

« Ainsi, soutenus, nous entrons brusquement dans Ver-
« gaville. Mais ses défenseurs en étaient partis, et leur rôle
« de détachement avancé était terminé. Il est 7 heures du
« matin. Un de mes hommes s'écrie : « Voilà le combat fini »
« alors que ce qu'il avait vu n'était que la bien modeste ou-
« verture à l'héroïque et macabre symphonie que nous al-
« lions entendre, dont Berlioz, d'un côté, et Wagner de
« l'autre, auraient pu tirer quelque effrayant motif. »

A la sortie de Vergaville, s'étend une immense plaine, li-
mitée au nord par des crêtes boisées, que coupe, seule, dans
une ligne presque parallèle, le remblai de la voie ferrée de
Metz à Strasbourg.

Ces crêtes qui vont de Marthil à Fenetrange par Baron-
viller, Morhange, Bensdorf et Guinzeling, les Allemands les
ont organisées depuis le 1er août, d'une façon formidable,
établissant des tranchées bétonnées, des réseaux de fil de
fer. En arrière, des batteries de gros obusiers s'apprêtent à
balayer la plaine. Cette plaine est un terrain quadrillé, repéré, mesuré, fouillé, connu dans ses moindres replis.

« Cartes et zones, écrit un officier du 15e corps, correspon-
« dant au terrain à parcourir par les Français, étaient sou-
« mises à un même quadrillage, connu à la fois de l'artilleur
« et du fantassin allemands, ainsi que des observateurs spé-
« ciaux. Chaque carré était de son côté, divisé en quatre
« sous-carrés numérotés, portant tous les repères semés sur
« le sol, grand chiffre pour les carrés de premier fraction-
« nement, lettres pour les sous-carrés. Dès lors, rien de plus
« facile que de préciser à tout moment à l'artillerie, l'empla-
« cement successif des Français marchant à l'attaque ; rien
« de plus simple que d'attendre le passage d'une compagnie
« à hauteur d'un point reconnu et dans l'un comme dans
« l'autre cas, de déclancher à coup sûr et en temps opportun
« une rafale d'artillerie. »

Dès que la 29e division débouchant à droite, vers Bidestroff (Biederdorf) et la 30e, marchant à gauche vers la forêt
de Bride, arrivent sur ce terrain, elles sont prises sous un
feu violent.

« Bien groupés par sections, écrit le même officier d'al-
« pins, nous essayons de progresser par bonds. Les sec-
« tions se couchant brusquement au moment où l'obus arrive

« et les hommes collés les uns aux autres, la face contre
« terre, faisant ce qu'on appelle « la tortue », nous réussis-
« sons à faire ainsi huit cents ou mille mètres. Bientôt, nous
« sommes cloués au sol. La canonnade fait ses ravages, sans
« arrêt, sans répit. La terre est labourée par les obus per-
« cutants, de tous côtés, à droite, à gauche, en avant, en
« arrière de nous.

« A tout instant, je regarde ma montre, 10 heures, 11 h.,
« midi. Et le soleil s'était levé, glorieux et magnifique,
« comme pour assister à ce drame sanglant. Or, tandis que
« j'écoutais les imprécations de mes hommes, les appels
« des blessés et la chanson terrible des obus, j'entendis un
« sonore ronflement, qui contrastait d'une façon bizarre avec
« le bruit du combat : la plupart de mes hommes s'étaient
endormis. »

La 29e division se jette vers 15 heures sur Bidestroff qui
lui apparaît dans cette plaine nue, comme un refuge, s'y
blottit derrière les haies, les murs, dans les granges. Mais,
dans cet espace restreint, dans ce village étroitement repéré,
dont le clocher sert de cible aux batteries ennemies en position derrière Domnom (Dommenheim), elle est soumise à un
feu terrible qui la décime.

Notre artillerie, installée de l'autre côté du canal sur la
crête à l'ouest de Lindre-Haute, essaie de lutter contre les
pièces lourdes allemandes. Repérée par les avions, elle
est obligée à des déplacements continuels. Une partie de la
29e division reste au soir dans le village, remplissant sa mission, mais certains de ses éléments ont été obligés de se replier sur Dieuze.

Le 16e corps a tenu toute la journée sur ses positions
d'Angweiler à Bisping, attendant l'appui du 15e pour déboucher.

Le 20e corps a repris, dès 4 heures, sa marche en avant,
précédé par de fortes reconnaissances de cavalerie. La 39e
division, à gauche, progresse par Fonteny et Oron-Chicourt ;
la 11e, à droite, par Haboudange (Habudingen). Le 4e bataillon de chasseurs à pied, avant-garde de la 11e division fait
à midi la grand'halte. Une heure après, ses patrouilles ren-
contrent les premiers éléments ennemis qui se retirent. Haboudange est atteint sans difficultés. Mais, devant Pévange
(Pewingen), la 22e brigade est accueillie par un feu très violent d'artillerie et de mitrailleuses. Au 37e, les capitaines

Bruguière, Greff, Mathieu, qui se portent à l'attaque en tête de leur compagnie, sont mortellement frappés. Le village est enlevé par la compagnie Humbert.

A 21 heures, le 21ᵉ corps s'aligne sur le front Oron-Bréhaïn-Pevange-Conthil. La nuit est superbe bien qu'un peu sombre. Tout à coup, les faisceaux lumineux des projecteurs allemands balaient la plaine comme pour rappeler aux armées françaises, à la veille de la grande bataille, que l'ennemi est là, qui veille et qui attend.

JOURNÉE DU 20 AOUT

Le 16ᵉ corps. — A 4 heures du matin, au moment où les troupes du 16ᵉ corps vont poursuivre leur offensive en poussant une pointe directement au nord, vers Bensdorf, la marche en avant de l'armée allemande est déjà commencée. C'est le début de la fameuse « attaque de surprise ». La 63ᵉ brigade reçoit le premier choc. Le 53ᵉ, qui occupe Rohrbach, est assailli par des forces considérables qui se sont glissées pendant la nuit dans les bois et criblent le village de balles. Le général Diou, en luttant contre un ennemi très supérieur en nombre avec sa brigade à laquelle il donne le plus bel exemple de bravoure, tombe au milieu de ses hommes, un fusil à la main (1). Un bombardement terrible et continu d'artillerie lourde écrase les différentes unités du corps tandis que, coupant la route de Dieuze à Fenetrange, des masses ennemies progressent par Zommange (Zemmingen) à l'abri des bois qui bordent l'étang de Lindre. Sous la mitraille, la 31ᵉ et 32ᵉ divisions luttent pied à pied, refoulant la poussée très vive des Bavarois par de fréquentes charges à la baïonnette. Au 143ᵉ, le colonel Henri Berguin, qui a déjà le bras et l'épaule percés de balles, continue à se battre, le bras en écharpe. Un officier bavarois s'élance, décharge sur lui son revolver presque à bout portant et le blesse encore d'un coup d'épée. Dégagé, le colonel ne veut pas quitter le terrain. « Laissez-moi, répète-t-il, et faites avancer les troupes, qu'on « aille de l'avant ! » A l'ancien Béarn, le capitaine Poli, les lieutenants Maraval, de Roton, le sous-lieutenant Eglizaud, se font remarquer par leur attitude calme et énergique.

---

(1) Le général Diou, né à Saint-Julien-Les-Metz, était un vétéran des campagnes d'Algérie, de Tunisie et du Tonkin. Au cours de ces dernières années, il s'était particulièrement distingué au Maroc dans les combats livrés sous Casablanca.

La défense de la 31e division n'est pas moins superbe. Au 96e, le lieutenant Boyat, atteint successivement de cinq blessures, entraîne sa section jusqu'au moment où, épuisé, il ne peut plus se relever, le capitaine Mout, les lieutenants Roux, Un soldat, Verdier, blessé au cou, se lance contre six fantassins ennemis, en abat quatre par son tir et en tue deux à la baïonnette. Il revient au combat après s'être fait panser sans quitter son fusil.

Au 81e, le commandant Perchenet fait preuve des plus brillantes qualités ; le lieutenant Kuhnholtz reçoit une blessure mortelle. Au 122e, le colonel Henry, blessé, refuse de quitter le champ de bataille. Il va continuer à prendre part à toutes les affaires où sera engagé son régiment.

L'échec du 8e corps à droite, celui du 15e, à gauche, rendent la situation du 16e corps encore plus difficile. Au soir, il s'arrête sur la ligne Marimont-Maizières-Hellocourt.

Le 15e corps. — Dès l'aube, au moment où la marche sur Bensdorf va être reprise par tout le 15e corps, on entend dans le lointain, les coups de feu de nos éléments de sûreté qui se replient sur les premières lignes. C'est la formidable offensive allemande qui se déclanche à son tour, des hauteurs boisées de Bride et de Koeking sur le flanc de la 30e division établie au nord-ouest de Vergaville, et des positions de de Bassing contre le front de la 29e division, déployée en avant de Bidestroff.

« Bientôt, écrit un officier d'alpins, dans son carnet de
« route, pendant que le soleil se levait, nous eûmes une
« vision qu'il vaut vraiment la peine d'évoquer. Environ à
« huit cents mètres de nous, se profilait une crête. A cette
« crête, apparurent dabord les patrouilleurs, puis les unités
« ennemies qui, brusquement, se déployaient lorsqu'elles ar-
« rivaient à la ligne de faîte. On voyait les fantassins gri-
« sâtres se porter en courant vers la droite et vers la gauche,
« et dégringoler la pente au plus vite pour aller chercher
« un abri dans un chemin creux, en progressant droit sur
« nous.
« La répétition régulière de ce déploiement avait quelque
« chose de beau et de menaçant tout à la fois. On y sentait
« l'application d'une méthode étudiée, qui révélait à chaque
« fois l'ordre et la précision.
« Mais nous ne restions pas inactifs et mes hommes, abri-

« tés derrière leur mur, tiraient sans arrêt sur cette véri-
« table avalanche humaine ; car les troupes ennemies qui
« poussaient ainsi de l'avant et marchaient sur Dieuze
« étaient vraiment nombreuses »...

« Ça grouille de tous les côtés, s'écrie un de mes chasseurs. »

A gauche, la 30ᵉ division, qui se porte à l'attaque, réussit
pendant les premières heures de la matinée, à progresser
malgré le terrain marécageux, où des unités enfoncent jusqu'à mi-jambe, malgré le tir violent de l'artillerie, des mitrailleuses et des mausers allemands. Vers 10 heures, le
feu redouble et cloue sur place notre infanterie. A 11 heures,
les bataillons de chasseurs, appelés pour donner l'assaut,
sont décimés avant d'avoir atteint les retranchements où se
dissimule l'adversaire. A ce moment, les Allemands déclan-
chent une vigoureuse contre-attaque qui oblige nos régiments à se replier sur Dieuze. Mais les pertes sont élevées.
Au 58ᵉ, les capitaines Blanc, de Jerphanion, le sous-lieutenant Jacques de Fontmagne sont tués. Ce dernier (1) blessé
mortellement, refuse tout secours, et jusqu'au dernier moment, n'a que des mots d'encouragement pour ses hommes.
Au 60ᵉ, le lieutenant Renault, le sous-lieutenant Jacques Mi-
merel et bien d'autres, sont atteints après avoir courageusement lutté.

Au 40ᵉ, le commandant Santini organise un repli sous un
feu violent. Le capitaine Cochet garde sur sa compagnie
très éprouvée son réel ascendant de chef qui permet de con-
jurer le péril. Le sous-lieutenant Pierre de Pradel de Lamase, un jeune Saint-Cyrien de la promotion de Montmi-
rail, fils du colonel Honoré de Lamase, maintient ses hommes
sans défaillance, et les réapprovisionne de cartouches en
allant chercher les munitions des blessés et des morts tombés autour de lui. Il sera blessé le lendemain.

A l'ancien Condé, le capitaine Genty se distingue. Le lieutenant Davel, est resté seul officier de sa compagnie, bien
qu'ayant l'épaule traversée par une balle. Il conserve sa com-

---

(1) Le sous-lieutenant de Fontmagne s'était déjà distingué le 11 août,
où, dans une situation très difficile, il n'hésita pas, faisant cesser le feu
de ses hommes, à sortir du fossé qui leur servait d'abri et à se pro-
mener debout pour leur montrer que les Allemands tiraient trop et qu'on
pourrait encore tenir. Presque entouré par l'ennemi, il réussit à ramener dans les lignes françaises tout son détachement, y compris les blessés.

pagnie dans un ordre parfait. Le lieutenant Verlin, détaché depuis la veille, en reconnaissance, presque entouré de toutes parts, rejoint, après avoir perdu ses deux sergents et trente-sept hommes sur cinquante. Le clairon Armand, grièvement blessé à la hanche et au bras, reste face à l'ennemi et exécute la sonnerie prescrite. Au 61e, le colonel Leblanc, le bras traversé de deux balles, conserve son commandement sans même se faire panser.

Contre le front de la 29e division, l'attaque est encore plus violente. La 57e brigade (111e et 112e) qui défend les abords de Biderstroff, menacée d'enveloppement, doit, après avoir tenu plusieurs heures et repoussé toutes les attaques, évacuer le village. Le 3e, qui tente une contre-attaque contre le moulin, est arrêté par les tirs de barrage de l'ennemi. A Lindre-Haute, où le général Carbillet a reçu l'ordre de tenir une heure, la division résiste cinq heures.

Sous ce feu meurtrier, officiers et hommes, témoignent d'un sang-froid admirable. Au 112e, le colonel Garnier (1), blessé sérieusement, conserve son commandement. Le capitaine Chaumont est tué. Le capitaine Paul Bernard, blessé, refuse de se laisser évacuer à l'arrière, ne voulant distraire aucun de ses hommes de la ligne de feu. Il se remet, couché sur le sol, à tirer sur l'ennemi jusqu'au moment où il est frappé à nouveau, cette fois grièvement. Le général Gasquy est atteint. Le 141e est particulièrement éprouvé. Son chef, le colonel Chartier, reste étendu sur le champ de bataille. Blessés également, le capitaine Henry, les sous-lieutenants Brix et Robert du Souich. Le capitaine Forget tombe en entraînant sa compagnie en avant.

Le repli se fait sur Dieuze conformément aux ordres reçus. C'est la retraite qui commence, couverte d'abord par l'héroïsme de l'artillerie. Sous une avalanche d'obus, le capitaine de Barbeyrac de Saint-Maurice, du 38e, traverse Vergaville et prend bravement position. Bien qu'étant pris sous le feu des batteries de campagne et des mortiers, il continue le tir pendant sept heures et se retire sans perdre ni hommes, ni matériel.

---

(1) Le colonel Garnier, né à Nancy le 1er mai 1858, sorti de Saint-Cyr, a longtemps servi aux chasseurs à pied dans les Vosges. Il avait été nommé colonel du 112e quelques semaines avant la guerre, le 23 juin 1914. Il va tomber en juin 1916, succombant aux graves blessures qu'il recevra en enlevant son régiment à l'assaut des positions ennemies.

« Nous errâmes longtemps dans Dieuze, écrit le même
« officier d'alpins, avec mon camarade à la recherche du
« bataillon. Mais, quand nous le retrouvâmes, il errait encore
« plus que nous. Il faut reconnaître qu'un sublime désordre
« régnait dans la petite ville lorraine : fantassins, artilleurs
« traînant leurs encombrants caissons, trains de combat et
« trains régimentaires, brillantes automobiles de nos bril-
« lants états-majors, tout cela se rencontrait, se croisait, ne
« sachant trop que faire ni où aller. Cela sentait sinon la
« retraite, du moins un repli précipité. »

Au sud de Dieuze, placés de part et d'autre des défilés de
la station de Gélucourt, l'un sur la cote 252, l'autre sur la
hauteur 254, les 23e et 27e bataillons de chasseurs alpins,
vont permettre, par leur sacrifice, à toute la 29e division de
se rassembler et de se reconstituer autour des fermes
Krapfel et Videlange.

« Cette armée, dit un officier, a sauvé son honneur par la
résistance éperdue des chasseurs alpins qui ont couvert la
retraite. »

De 14 heures à la nuit tombante, ces deux bataillons se
font hacher sur place plutôt que de céder un pouce de terrain. Là, au 23e, le capitaine Détourbet (1), grièvement
touché, ne veut pas se laisser emporter. Il se fait remettre
un fusil, des cartouches et continue à tirer sur l'ennemi qui
avance. Le capitaine Drevon, blessé, refuse de quitter ses
hommes. Le sous-lieutenant Guy de Monléon, qui commande
la section de mitrailleuses, s'efforce, sous un feu intense, de
placer ses pièces à proximité immédiate de l'ennemi. Il est
grièvement frappé. Au 27e, le commandant Jean Remié, le
lieutenant Donald Monroë, le caporal Paul Sardou parmi tant
d'autres, tombent glorieusement.

Les autres bataillons n'ont pas une conduite moins héroïque. Au 6e, qui défend Vergaville, le sous-lieutenant Sauvageon a pris le commandement de sa compagnie
Censuré   et a ses deux officiers
blessés. Il est lui-même atteint au ventre (2). Au 7e, le

----

(1) Le capitaine Détourbet, ancien instructeur à Saint-Cyr, cité à
l'ordre de l'armée, fait chevalier de la Légion d'honneur le 15 mars,
devait tomber le 20 août 1915.

(2) Hospitalisé, le lieutenant Sauvageon s'échappe à l'arrivée des
Allemands, rejoint son corps le 23 août et prend part, quoique blessé,
à deux combats où il fait preuve de la plus grande énergie.

lieutenant Vallet est atteint. Au 24ᵉ, le capitaine Hugues, qui commande la compagnie d'arrière-garde, oppose à l'ennemi une résistance acharnée. Il reste plus d'une heure dans un arbre pour tirer. Atteint d'un éclat d'obus, il meurt en faisant écrire à son commandant : « Je suis tombé en faisant le coup de feu. Ma compagnie a fait tout son devoir. »

Un article paru dans un journal du matin le 24 août, a rejeté sur le 15ᵉ corps la responsabilité de notre échec en Lorraine. Le temps a fait justice de ces allégations. Ces troupes, harassées par les marches et les contremarches, par les nuits sans sommeil, écrasées par la mitraille, ont, il faut le dire bien haut, accompli des prodiges de valeur et de ténacité. Le 15ᵉ corps, dans sa retraite, ne laisse pas une voiture, pas un bagage aux mains de l'ennemi. Quelques jours après, il se distinguera à Lamath, à Xermaménil, à Blainville et à Mont-sur-Meurthe. Il va se couvrir de gloire à Vassincourt et se classer au premier rang des corps de France par le nombre des citations à l'ordre du jour de l'armée. Dans cette guerre, les Provençaux se seront montrés les dignes fils du bailli de Suffren, de Masséna et de Galliffet.

La manœuvre du 20ᵉ corps. — A gauche du 15ᵉ corps, le 20ᵉ, arrêté la veille sur la ligne Oron-Haboudange-Conthil, se porte en avant à la pointe du jour, dès que le brouillard se dissipe. La 39ᵉ division, à gauche, a comme objectif les hauteurs Marthil-Baronviller ; la 11ᵉ, à droite, Rodalbe, puis Bensdorff, point important sur la voie ferrée Metz-Sarrebourg. La marche est à peine commencée que l'artillerie lourde allemande, bien défilée, derrière les crêtes qui dominent la Nied française, ouvre un feu violent sur les colonnes de la 39ᵉ division. En même temps, une fusillade terrible les décime de flanc. Les régiments de Toul vont tenir plusieurs heures d'une façon opiniâtre sous cette avalanche de fer. En vain, le IIIᵉ corps bavarois, en entier, déclanche-t-il contre eux attaques sur attaques. Nos soldats, couchés dans les champs d'avoine ou abrités derrière les haies, tiennent bon. Le 156ᵉ et le 160ᵉ, qui chargent, s'emparent des premières organisations défensives allemandes. Mais ces tranchées sont fausses. Des mannequins les gardent. A peine les nôtres y sont-ils installés, qu'ils sont pris d'enfilade par des gerbes de mitrailleuses et des rafales d'obus.

Au 146e, le colonel Bérot, qui a déployé depuis le début de la campagne une activité inlassable, ne dormant presque jamais, est grièvement blessé au moment où il va en avant des lignes (1). Le commandant Dethorey, également frappé, conserve le commandement de son bataillon jusqu'à l'extrême limite de ses forces. Le capitaine Voisin, le lieutenant Mazodier sont tués ; les capitaines Corda et Bar sont blessés, ce dernier à deux reprises.

Au 153e, le colonel Loiseau de Grandmaison est atteint deux fois à la tête. Frappé encore le lendemain, sans vouloir en tenir compte, il ne se laissera emporter qu'à la sixième blessure pour retourner au front, un mois après, avec le commandement d'une brigade (2). Le capitaine Collignon, le sous-lieutenant Baltus, tous deux instituteurs, sortant de l'Ecole normale de Nancy, sont mortellement blessés. Au 156e, le sous-lieutenant Valiot est tué en entraînant son peloton à l'assaut. Au 160e, le capitaine Breynat, atteint au début d'une balle dans la cuisse, est frappé en pleine poitrine, au moment où il arrive sur l'ennemi. Le sous-lieutenant Harang, un jeune Saint-Cyrien, tombe glorieusement. Il vient d'avoir dix-neuf ans.

La 11e division est surprise de la même manière. Jusqu'à 14 heures, un ouragan de mitraille s'abat sur elle et lorsque la préparation d'artillerie l'a suffisamment ébranlée, le XXIe corps déclanche sur son flanc une formidable attaque qui la rejette sur Haboudange et Lidrequin. En moins de deux heures, le 69e, en vue de Morhange. *Censuré* un chef de bataillon, le commandant Charles Segondet, plu-

---

(1) Le colonel Louis Bérot, transporté à Dijon, devait y mourir quelques jours après des suites de ses blessures. Né à Lyon le 22 janvier 1861, fils d'officier, il était sorti de Saint-Cyr et de l'Ecole supérieure de Guerre dans les premiers rangs. Attaché à l'état-major du général Larchey, il était capitaine en 1891, chef de bataillon en 1901, puis alla à Amiens prendre le commandement du 8e bataillon de chasseurs à pied. Lieutenant-colonel en 1908, il commandait le 146e depuis le 21 mai 1914.

(2) Nommé général de brigade en octobre suivant avec le commandement d'une division, et divisionnaire avec le commandement d'un corps d'armée, puis commandeur de la Légion d'honneur au mois de décembre, le général de Grandmaison sera tué le 18 février 1915 près de Soissons. C'était, dit la citation dont il va être l'objet après sa mort, un « officier général de la plus haute valeur intellectuelle, extrêmement brave au feu ». Son dernier mot sera: « Je suis heureux de mourir pour la Patrie ! »

sieurs de ses officiers, le capitaine Droit, le sous-lieutenant Gille qui, avec sa section, va jusqu'au corps à corps contre des forces ennemies très supérieures et tombe. Le capitaine Henri de Monclin, qui sera tué le mois suivant, le lieutenant Bergerot sont blessés. Chargé de protéger la retraite du 20e corps, l'ancien Vigier résistera avec une ténacité admirable. Le capitaine Lapointe, entre autres, va tenir jusqu'à la dernière minute, bien qu'ayant perdu la moitié de l'effectif de sa compagnie.

Des éléments reçoivent l'ordre de se replier derrière Pévange (Pewingen), où ils s'organiseront.

« A Pewingen, écrit un témoin, le village est plein de « blessés ; des obus tombent et incendient plusieurs maisons. « La bataille reprend, mais nous ne pouvons emmener nos « blessés sous un tel ouragan, on se ferait tous tuer sur la « route. On gagne Habudingen (Haboudange) par petits « groupes, car le versant de la crête qui descend sur la route « de Pewingen est battue à outrance. Quel tableau que cette « retraite ! Ça siffle de partout, on se couche dans un sillon, « on file en zigzag, encore un bond. Enfin un remblai, mais « voici les fils de fer d'une clôture ; on les escalade ; l'ennemi « nous talonne à cinq cents mètres. On saute dans le fossé « de la route ; quelle poussière sur cette route, les balles et « les obus y pleuvent ! »

Au 79e, le lieutenant Durosoy, fils du colonel Durosoy, est tué. Au 37e, le régiment que commanda Turenne, les capitaines de Fabry, Humbert, le sous-lieutenant Maurice Penard, un jeune Saint-Cyrien de la promotion de la Croix du Drapeau, sont grièvement atteints. Le capitaine de la Rocque, fils du général, qui va trouver à Neuville-Saint-Vaast, une fin glorieuse, les lieutenants Bertrand, Vaudey, sont blessés.

Le 26e résiste avec la même énergie que ce beau régiment a déployée en 1870 à Rezonville et à Saint-Privat. L'ancien Bresse, dont le drapeau porte inscrits les noms de Fleurus, Constantine et Sébastopol, voit un de ses détachements conduit par le capitaine Notter, ramener avec lui, dans les lignes françaises, cent seize prisonniers dont un capitaine, deux lieutenants et seize voitures à munitions.

Le 4e bataillon de chasseurs reçoit la mission d'assurer la retraite de la division. Pendant quatre heures, il tient sous les obus qui tombent sans arrêt et le poursuivent à Pévange, à Haboudange. Talonné ensuite à moins de cinq cents mètres par la fusillade de l'ennemi, il lance contre-attaques sur contre-attaques et lasse la meute allemande. A la nuit, il atteint Château-Salins sans être inquiété. Mais le bataillon de Saint-Nicolas-du-Port est cruellement décimé.

Censuré

Les jeunes surtout se sont sacrifiés héroïquement. Les sous-lieutenants Devic, Guillemin, Munier, Picard et Viala, sont tués à la tête de leur troupe. Les sous-lieutenants Cadur, Chatain, Pierrot, Schmidt, Thooris, Val et, en même temps, les capitaines Gerony-Sanguinet, du Guet, Ihler, tous blessés, restent à leur place, jusqu'à la fin, donnant ainsi un bel exemple de courage et de fermeté. Enfin, le plus jeune de tous, le sous-lieutenant Xavier de Castelnau, un Saint-Cyrien de la promotion de la Grande Revanche, chez lequel les sports, et en particulier le rugby, ont développé de splendides qualités physiques et de sang-froid, tombe, après avoir fait tête à l'ennemi durant cinq heures, au moment où il vient de le rejeter par une vigoureuse contre-attaque.

La façon héroïque dont son père qui commande l'armée, reçoit la fatale nouvelle doit être relatée. Le général de Castelnau dicte ses ordres quand un officier se présente devant lui.

— « Qu'y a-t-il ? » demande le général.

— Mon général, répond l'officier d'une voix qui tremble, votre fils, le lieutenant Xavier de Castelnau, vient d'être tué d'une balle au front en donnant l'assaut à l'ennemi qui a été repoussé.

Le général reste silencieux une seconde sous ce coup funeste qui le frappe au cœur, puis, ayant tout de suite imposé une discipline sublime à ses sentiments paternels, il se tourne vers les officiers de son état-major : « Continuons, messieurs. » Et il reprend la dictée de ses ordres pour la bataille (1).

A la gauche du 20ᵉ corps, les coloniaux installés à Oron et à Chicourt, sont surpris par la fusillade au moment où ils

----

(1) Le général de Castelnau va perdre encore deux autres de ses enfants : Gérald, lieutenant au 7ᵉ d'infanterie, tué le 8 septembre à la bataille de la Marne, et Hugues, sous-lieutenant d'artillerie, tombé en octobre 1915 au cours d'un combat en Artois.

préparent le café. Chicourt est rapidement évacué. La brigade s'établit d'abord à Oron et en avant de la cote 270, puis devant les rafales continues de l'artillerie allemande en arrière d'Oron. Dans ce mouvement, un des colonels est grièvement atteint.

On a demandé aux coloniaux de tenir là trois heures pour permettre au 20e corps de se replier. Leur ligne ne fléchira pas, malgré le bombardement des obusiers lourds de 150, qui creusent dans le sol de vastes entonnoirs et les attaques répétées d'une division du IIIe corps bavarois. Au 43e, le commandant Gibault, qui est pour son bataillon un exemple constant de courage et de calme et qui observe à la jumelle la marche de l'ennemi, disparaît dans le nuage d'une explosion formidable. Le capitaine Salaün, chargé avec sa compagnie de tenir un éperon avancé de la position, est frappé par deux balles. Un « marsouin » le relève et le porte vers une meule. Une troisième balle atteint l'officier au cœur. Un éclat d'obus brise l'épaule du capitaine Droin. Fait prisonnier, le vaillant officier va trouver l'énergie de s'évader et, sous des habits de paysan, regagnera les lignes françaises. Les capitaines Battesti, Soockeel, les lieutenants Bertrand, Brunet, Gesbert et Lenglet sont également atteints. Une balle enlève un doigt au capitaine Détanger qui, pour mieux voir, reste debout sous la mitraille. Quelques minutes après, le général Wirbel est blessé et a son cheval tué sous lui.

Les coloniaux ont promis de tenir trois heures. Pendant sept heures, ils sont là, s'accrochant au terrain. Mais, devant les masses ennemies qui s'avancent, ils doivent à 14 h. se dégager et atteignent Fonteny. Encore, le capitaine Ruhrer, qui tient à l'extrême gauche de la ligne, ne se replie-t-il que lorsque l'ordre écrit lui en est donné.

Sous les obus allemands qui pleuvent, sous le soleil implacable, la brigade coloniale, calme, gagne la bifurcation de Château-Salins, puis la cote 340, pendant qu'une batterie du 60e qui s'est offerte pour retarder la poursuite, crache sa mitraille à toute volée et tient héroïquement sa promesse.

Le 2e groupe de divisions. — A gauche des coloniaux, la 68e division de réserve, vers la côte de Delme, découverte par la retraite du 20e corps, est attaquée violemment sur tout son front, de Viviers à Donjeux, par de fortes colonnes ennemies venant de Metz.

« Déjà, écrit Pierre Dumoulin, les flocons blancs des « shrapnells éclatent dans le ciel immaculé. Le canon gronde « violemment, mais nos âmes se grisent du fracas grandis- « sant de ce tonnerre. J'atteste que, dans cette matinée, « on aurait pu tout demander aux soldats, tant leur con- « fiance était absolue. J'entends encore un homme criant « à un clairon : « J'espère que tu vas nous la sonner vive- « ment, cette charge, hein, petit ! » Le plus joyeux de nous « tous, à coup sûr, était Cassagnac. Pendant que sa sec- « tion se formait, il eut un geste que n'oublieront aucun de « ceux qui l'ont vu. Sans affectation, il alla vers une meule « de paysan et, avec soin, il aiguisa son épée...

« Nous venions de gravir plusieurs coteaux et de gagner « une crête d'où notre attaque devait partir. Les gros obus « tombaient et les balles chantaient à nos oreilles leur mé- « chante chanson. Notre colonel, qui devait être frappé peu « après, donna à ma compagnie ordre de charger. Alors, « mon capitaine réunit ses chefs de section et, s'excusant « de ne pouvoir faire à chacun d'eux le même honneur, « pria le lieutenant de Cassagnac de partir le premier. Cas- « sagnac, resplendissant de bonheur, inclina sa haute taille, « en remerciant le capitaine, en s'excusant auprès de ses ca- « marades, en prenant congé de tous... Et puis, ce fut l'ou- « ragan de la bataille. »

C'est en effet dans un véritable ouragan de fer et de feu que les régiments du sud-ouest se trouvent jetés. Toutes leurs attaques se trouvent brisées par les rafales d'obus et la fusillade nourrie de l'ennemi. Au 257ᵉ, déployé par le lieu- tenant-colonel Lubet, le lieutenant de Lescure est grième- ment blessé. Au 344ᵉ, le capitaine Mailly, le lieutenant Mon- talieu, sont tués ; le lieutenant-colonel Barraud est blessé en dirigeant une attaque, le commandant Mansion, le lieu- tenant Lamarzelle sont également atteints. Puis, c'est le tour du lieutenant de Cassagnac. Pierre Dumoulin n'a pu obtenir aucune précision sur le trépas héroïque de son ami. Un sous- officier de sa compagnie, tombé près de lui, raconte que Guy de Cassagnac, frappé d'une balle au cœur, demeura inanimé sur le champ de bataille. Des Bavarois, aidés par des pay- sans qu'ils ont réquisitionnés, le relevèrent quelques heures plus tard. Mais il ne tarda pas à expirer, mourant, selon les justes mots de Léon Bailby, « d'une belle blessure, propre comme la belle unité de sa vie ». D'autre part, la citation dont il est l'objet, dit :

« Sous-lieutenant Guy Granier de Cassagnac, a fait preuve « de la plus grande bravoure et d'un véritable mépris de la « mort. Blessé une première fois, a continué à comman- « der et à entraîner sa section en avant. A été tué au mo- « ment où, ayant pris le commandement de sa compagnie, « il exaltait par ses paroles, et par son attitude, le moral « de ses hommes. Se sentant perdu, n'a pas voulu qu'on « l'emportât, disant qu'il voulait rester en territoire an- « nexé. »

Sa volonté est faite. Il repose à Faxe, sur la route de ce Rhin qui vit tant de fois nos armes heureuses.

La bataille s'étend jusqu'à Han où la 139e brigade (70e division) a creusé des tranchées, à Nomény et à Port-sur-Seille. C'est l'attaque de la 33e division de réserve bavaroise, sortie précipitamment de Metz pour enfoncer le front du Grand Couronné et tourner la gauche de la 2e armée. Dès 9 heures, le canon tonne. Les obus allemands écrasant la petite ville de Nomény, traversant les murs des maisons, arrachant les toits, incendiant les ruines. Par Eply, par Raucourt, les masses allemandes déferlent. Les éléments de la 59e division, qui défendent les abords de Nomény, les repoussent par de fréquentes contre-attaques. Dans l'une de celles-ci, le lieutenant-colonel d'Uston de Villereglan, qui commande le 325e, est tué à la tête de son régiment, au moment où, tenant son képi à bout de bras, il s'élance en criant : « En avant ! » Le capitaine de Grandmaison est mortellement atteint. A côté du 325e, le 277e, appelé également à recevoir le baptême du feu, tient crânement sous la mitraille, comme le dira le lieutenant-colonel Roussel, dans un bel ordre du jour à son régiment. Tous, officiers et soldats, accomplissent des prodiges de bravoure et de ténacité. Le commandant Schwaeblé, qui entraîne son bataillon entièrement déployé, est tué. Le capitaine Leroux, arrêtant l'ennemi à la sortie de Nomény, résiste vigoureusement une partie de la journée à un ennemi très supérieur en nombre.

Grâce à la belle défense de la 59e division, la ligne principale du Grand Couronné ne sera pas entamée ; la 2e armée pourra se replier derrière la Meurthe et se reformer.

Au soir, la 2e et la 1re armées, épuisées par six jours de

marches et de combats, battent en retraite. Mais elles ne sont pas désorganisées, encore moins anéanties. Le succès que les Allemands ont remporté est si peu décisif qu'ils ne songent même pas à l'exploiter. « *Tout n'est pas terminé,* « dit le prince Ruprecht de Bavière dans la proclamation « qu'il adresse à ses troupes. Il faut encore nous servir de « toute notre force *pour défaire complètement l'ennemi.* »

Les premiers ordres prescrivent, d'ailleurs, comme positions de repli, pour le 20ᵉ corps, la ligne Jalaucourt-Hampont-Marsal ; pour le 15ᵉ, le front Marsal-Donnelay-Marimont, pour le 16ᵉ, celui de Marimont-Maixières-Réchicourt-le-Château. La 1ʳᵉ armée occupe solidement la ligne du canal de la Marne au Rhin-hauteurs de Bebing-bois de Voyer-Soldatenkopf.

Ces positions pourraient être tenues. Mais l'état d'épuisement des troupes est extrême. Rassuré sur sa gauche qu'il sent solidement établie sur les hauteurs du Grand Couronné, le commandant de la 2ᵉ armée prend courageusement le parti de replier le gros de ses forces derrière la ligne de la Meurthe. Là, les troupes se reposeront et se réorganiseront. Pour rétablir la liaison rompue depuis quelques jours par la nature même du terrain, comme pour protéger son flanc droit qui va se trouver très exposé, à la suite de l'évacuation par l'armée du général Pau, de la Haute-Alsace, le commandant de la 1ʳᵉ armée reçoit l'ordre de ramener le plus possible de forces dans la direction de Lunéville, en se repliant sur la Vezouze.

Devant les troupes, l'horizon s'embrase dans la chute d'un soleil laissant persister, à travers la nuit qui tombe, de longues traînées rouges, comme des signes précurseurs des batailles sanglantes et violentes qui vont se livrer pendant vingt-deux jours et vingt-deux nuits, où nos soldats des armées de l'Est, se sacrifiant, s'acharnant, fatigueront et useront l'attaque allemande, jusqu'au moment où, n'en pouvant plus, celle-ci renonce.

Paul-H. Courrière.